essentials

essentials liefern aktuelles Wissen in konzentrierter Form. Die Essenz dessen, worauf es als „State-of-the-Art" in der gegenwärtigen Fachdiskussion oder in der Praxis ankommt. *essentials* informieren schnell, unkompliziert und verständlich

- als Einführung in ein aktuelles Thema aus Ihrem Fachgebiet
- als Einstieg in ein für Sie noch unbekanntes Themenfeld
- als Einblick, um zum Thema mitreden zu können

Die Bücher in elektronischer und gedruckter Form bringen das Expertenwissen von Springer-Fachautoren kompakt zur Darstellung. Sie sind besonders für die Nutzung als eBook auf Tablet-PCs, eBook-Readern und Smartphones geeignet. *essentials:* Wissensbausteine aus den Wirtschafts-, Sozial- und Geisteswissenschaften, aus Technik und Naturwissenschaften sowie aus Medizin, Psychologie und Gesundheitsberufen. Von renommierten Autoren aller Springer-Verlagsmarken.

Weitere Bände in dieser Reihe http://www.springer.com/series/13088

Frieder Vogelmann

Foucault lesen

Dr. Frieder Vogelmann
Universität Bremen,
Bremen, Deutschland

ISSN 2197-6708   ISSN 2197-6716   (electronic)
essentials
ISBN 978-3-658-15473-8   ISBN 978-3-658-15474-5   (eBook)
DOI 10.1007/978-3-658-15474-5

Die Deutsche Nationalbibliothek verzeichnet diese Publikation in der Deutschen National-
bibliografie; detaillierte bibliografische Daten sind im Internet über http://dnb.d-nb.de abrufbar.

Springer VS

Gedruckt auf säurefreiem und chlorfrei gebleichtem Papier

Springer VS ist Teil von Springer Nature
Die eingetragene Gesellschaft ist Springer Fachmedien Wiesbaden GmbH
Die Anschrift der Gesellschaft ist: Abraham-Lincoln-Str. 46, 65189 Wiesbaden, Germany

Was Sie in diesem *essential* finden können

- einen systematischen Vorschlag, um Michel Foucaults Texte zu interpretieren
- eine Vorstellung seiner methodologischen Grundbegriffe „Wissen", „Macht" und „Selbstverhältnisse"
- Interpretationen seines umstrittenen Kritikbegriffs, seiner Kritik der Human- und Sozialwissenschaften sowie seiner Analyse des Neoliberalismus
- den Vorschlag, Foucault philosophisch zu lesen

Inhaltsverzeichnis

Einleitung

1

Michel Foucaults Texte sind schwierig. Schnell übersieht, wer sie liest, die vorgebrachten Argumente in der Fülle historischer Details, verwechselt im herbeizitierten Stimmengewirr die Sprecher_innen und verirrt sich im ständigen Wandel von Foucaults Terminologie. Hier setzt *Foucault lesen* an. Allerdings ist *Foucault lesen* keine Einführung, sondern ein Lektürevorschlag. Das Buch bietet also weder einen Überblick über Michel Foucaults Leben und Werk noch eine Zusammenfassung seiner Untersuchungen und Begriffe.[1] Stattdessen macht es einen systematischen Vorschlag, wie sein Werk philosophisch gelesen werden kann, um Erstleser_innen das Weiterlesen zu erleichtern und Wiederholungstäter_innen eine streitbare Interpretation zu liefern. Mein Vorschlag ist *systematisch,* insofern er Foucaults methodologische Perspektive rekonstruiert, die sich dieser Interpretation zufolge in seinen Grundbegriffen – vor allem „Wissen", „Macht" und „Selbstverhältnisse" – manifestiert. Damit hilft er dabei, eigene Analysen aus dieser Perspektive vorzunehmen, anstatt sich mit den bekannten Themen zu begnügen. Meine Interpretation ist *philosophisch,* insofern sie darauf beharrt, Foucaults Analysen nicht auf sozialwissenschaftliche Untersuchungen und Einsichten zu verkürzen, sondern sie auf ihre jeweiligen philosophischen Pointen hin zu lesen. So soll am Ende deutlich werden, welche Alternative Foucault innerhalb der Philosophie anbietet.[2]

---

[1] Davon gibt es bereits viele erfreulich gute, z. B. Schneider (2004), Gutting (2005), Sarasin (2008), Kelly (2009).

[2] *Foucault lesen* greift frühere Arbeiten auf, in denen ich die systematische Interpretation sowie teilweise bereits ihre Konsequenzen vorgestellt habe: siehe Vogelmann (2014a, 2014b, 2012a, 2012b). – Für konstruktive Kritik bedanke ich mich bei Martin Saar und Thomas Biebricher; dass dieses Büchlein ihrem Einfluss mehr verdankt als einzelne Verbesserungen, wissen sie selbst. Frank Schindler danke ich nicht nur für sein Lektorat dieses Textes, sondern vor allem für die Idee, ihn zu schreiben.

© Springer Fachmedien Wiesbaden 2017
F. Vogelmann, *Foucault lesen,* essentials,
DOI 10.1007/978-3-658-15474-5_1

1

Dazu stelle ich im zweiten Kapitel die systematische Perspektive dar, die sich aus Foucaults zentralen methodologischen Entscheidungen gewinnen lässt. Ausgehend von seinen späten Selbstinterpretationen rekonstruiere ich die drei analytischen Achsen Wissen, Macht und Selbstverhältnissen, mit deren Hilfe Foucault Praktiken und die in ihnen geschaffenen Wirklichkeiten untersucht. Im dritten Kapitel verdeutliche ich die Konsequenzen dieses Lektürevorschlags an Foucaults Kritikbegriff, an seinem Angriff auf die Sozialwissenschaften und an der Frage, ob seine Analyse des Neoliberalismus kritisch oder affirmativ zu verstehen ist. Im vierten und letzten Kapitel rechtfertige ich meinen Vorschlag, diese Lektüre Foucaults als philosophische zu bezeichnen, und umreiße die Besonderheit von Foucaults philosophischer Position.

Foucault lesen stellt also eine Interpretation zur Diskussion. Es hätte sein Ziel erreicht, wenn seine Leser_innen es zugunsten von Foucaults Büchern weglegen, um mit eigenen Lesarten zu experimentieren.

Foucaults Perspektive 2

Foucault von seiner methodologischen Perspektive her zu lesen trifft auf eine Reihe erwartbarer Einwände: Hat Foucault nicht ständig seine theoretischen Begriffe und seine Vorgehensweise verändert?[1] Rationalisiert ein solcher Zugriff nicht das Werk eines Denkers, der selbst erklärte: „Man frage mich nicht, wer ich bin, und man sage mir nicht, ich solle der gleiche bleiben: das ist eine Moral des Personenstandes" (AW, S. 30)?

> **Werkphasen**
> Es ist üblich, Foucaults Werk in drei bis vier Phasen aufzuteilen: Nach wenigen frühen Schriften – z. B. *Maladie mentale et personnalité* (MMP) – beginnt mit *Wahnsinn und Gesellschaft* (WG) die wissenshistorische *archäologische* Phase, die mit *Die Archäologie des Wissens* (AW) endet. Es folgt die machttheoretische *genealogische* Phase, in deren Zentrum *Überwachen und Strafen* (ÜS) sowie *Der Wille zum Wissen* (SW1) stehen; die letzten zwei Bände von Foucaults Geschichte der Sexualität (SW2, SW3) werden dann der dritten sogenannten *ethischen* Phase zugeordnet.[2]
> Für eine erste Annäherung ist diese Einteilung durchaus brauchbar, weil sie Schwerpunkte der Arbeiten Foucaults klar benennt: Wissen und die Praktiken seiner Herstellung in der archäologischen Phase, Macht und die kontingenten, historischen Herkünfte heutiger Machtverhältnisse in der

---

[1] „Foucault hat keine Methode", instruiert Philipp Sarasin (2008, S. 13) seine Leser_innen gleich zu Beginn.

[2] Diese Siglen sind in der Forschungsliteratur zu Foucault weit verbreitet und werden in der Literaturliste aufgelöst.

© Springer Fachmedien Wiesbaden 2017
F. Vogelmann, *Foucault lesen,* essentials,
DOI 10.1007/978-3-658-15474-5_2

genealogischen Phase sowie das Selbst und seine Arbeit an der Beziehung zu sich in der ethischen Phase (vgl. dazu Saar 2007, S. 161 f.). Problematisch sind Deutungen, die die Übergänge zwischen den Phasen als Brüche oder „Überwindungen" deuten (prominent und verheerend: Dreyfus und Rabinow 1987 [1983]). Spätestens mit der vollständigen Publikation von Foucaults Vorlesungen am Collège de France ist diese Auffassung unhaltbar geworden, weil sie verkennt, was in den Vorlesungen klar zu Tage tritt: dass eine archäologische Analyse des Wissens bis zuletzt ein wichtiger Bestandteil von Foucaults Vorgehen ist und dass seine Hinwendung zur Arbeit der Subjekte an ihren Selbstbeziehungen keineswegs eine Abkehr von seinen machttheoretischen Überlegungen bedeutet (vgl. Schneider 2004, S. 226–232; Sarasin 2008, S. 12 f.).

Die Beziehungen zwischen den Werkphasen, wenn man sie denn beibehalten will, sind also deutlich komplexer, als die Rede von Brüchen impliziert; wir finden sowohl Neuerungen wie auch Kontinuitäten und Revisionen. Foucault selbst spricht von „Verschiebungen" (SW2, S. 12), was angemessen scheint, solange wir nicht vergessen, dass es eine gemeinsame Perspektive gibt, die sich durch sein Werk hindurchzieht – jedenfalls gemäß dem Interpretationsvorschlag dieses Büchleins.

Unter dem Eindruck von Foucaults rasch wechselnder Terminologie und seiner großen thematischen Breite ist der erste Einwand triftig; um ihn zu entkräften, werde ich die methodologischen Kontinuitäten in Foucaults Schriften hervorheben und zeigen, wieso diese Lektüre fruchtbarer ist als eine Akzentuierung der Brüche. Der zweite Einwand dagegen versteht Deutungen von Foucaults Schriften in den Kategorien von Treuebekenntnis und Verrat; sich gegen ihn zu verteidigen, hieße dies anzuerkennen. Allenfalls lässt sich darauf hinweisen (und damit beginnt mein Vorschlag), dass Foucault seine Untersuchungen selbst wiederholt einheitlich interpretiert hat. In diesen Selbstinterpretationen beschreibt Foucault seine Vorgehensweise als Analyse von Praktiken sowie den Wirklichkeiten, die sie produzieren, entlang dreier „Achsen": der Achse des Wissens, der Machtbeziehungen und der Selbstverhältnisse.[3] Auf jeder dieser drei Achsen sei es ihm um eine „Verschiebung" gängiger Analysen mithilfe spezifischer Begriffsraster gegangen: „vom Thema der Erkenntnis zu dem der Veridiktion, vom Thema der Herrschaft zu dem der Gouvernementalität, vom Thema des Individuums zu dem der Selbstpraktiken" (MW, S. 24; ausführlicher in RSA, S. 14–19).

---

[3] Vor allem in SW2, S. 9–20, aber siehe auch DE IV/340, S. 712 f., DE IV/326, S. 475.

Diesen Begriffsrastern ist eine methodologische Perspektive gemein: Jeweils sollen sie die Analysen so leiten, dass sie erstens einen Wertentzug vornehmen, der die vorgegebenen normativen Unterscheidungen umgeht (WK, S. 30–34), zweitens Praktiken nicht ausgehend von als universell behaupteten Begriffen (wie Wahrheit, Freiheit oder Autonomie) analysieren, sondern umgekehrt die Erschaffung dieser Universalien in den Praktiken verfolgen (GBP, S. 14–16), sowie drittens den historischen Wandel der Praktiken betonen. Diese drei methodologischen Imperative nennt Foucault „Nihilismus", „Nominalismus" und „Historizismus" (RSA, S. 19) und sie bilden meinem Lektürevorschlag zufolge die „negativistische"[4] methodologische Perspektive seiner Analysen. Da sie sich in den Grundbegriffen manifestiert, die Foucault für die Untersuchung der Praktiken entlang der drei Achsen vorschlägt, entfalte ich meine Interpretation, indem ich die zentralen Begriffe des Wissens, der Macht und der Selbstverhältnisse erkläre und zeige, wie sie Analysen nihilistisch, nominalistisch und historizistisch anleiten.[5] Zudem werde ich jeweils andeuten, welche interpretatorischen Alternativen damit abgelehnt werden. Wenn alle drei Achsen vorgestellt sind, wende ich mich den Praktiken und darin produzierten Wirklichkeiten zu, die mit den drei Begriffsrastern untersucht werden sollen.

2.1 Wissen

Der Wertentzug, den Foucaults Begriffsraster auf der Achse des Wissens durchführen soll, betrifft die Unterscheidung von wahr und falsch; statt von ihr auszugehen soll untersucht werden, wie sie hergestellt wird und welchen Bereich sie

---

[4] Bei der Vorstellung der genannten drei Verschiebungen in *Die Regierung der Lebenden* scherzt Foucault daher: „Sagen wir, ich bin ein negativer Theoretiker" (RL, S. 112).

[5] Foucaults Gebrauch des Begriffs „Nihilismus" greift die Verwendung von „Nihilismus" als Vorwurf auf, der sich gegen jene richtet, die Werte infrage stellen, ohne alternative Werte anzubieten – der historisch gesehen vor allem gegen Religionskritiker_innen sowie gegen Kant und die deutschen Idealisten erhoben wurde (vgl. Riedel 1978; Müller-Lauter 1984; Cho 1995). Obwohl der Begriff in der Philosophie seit Nietzsche anders besetzt ist, schließe ich mich Foucaults Gebrauch an, weil seine altmodische Bedeutung genauer bezeichnet, was Foucault vor Augen schwebt, als der etwas zu harmlose Begriff der „Epoché". – Wie das Manuskript zu seiner letzten Vorlesung zeigt, will Foucault den Nihilismus als Lebensform begreifen statt ihn „entweder in Form eines Schicksals, das der abendländischen Metaphysik eigentümlich ist [wie Heidegger; F. V.], [...] oder in Form eines Schwindelgefühls der Dekadenz, das einer abendländischen Welt eigen ist [wie Nietzsche; F. V.]" (MW, S. 250), zu verstehen.

abdeckt. Foucault differenziert dazu zwischen Erkenntnissen (*connaissances*), die als wahr oder falsch beurteilt werden, also einen Wahrheitswert besitzen können, und dem Wissen (*savoir*), das die Existenzbedingungen von Erkenntnissen bezeichnet, so dass diese einen Wahrheitswert erhalten können (AW, S. 258–262). Diese von den frühen archäologischen Schriften bis in die letzten Vorlesungen (z. B. RSA, S. 16; MW 2010, S. 23 f.) durchgehaltene Unterscheidung verändert unseren Begriff des Wissens, der nun all die für die Formulierung von wahrheitsfähigen Erkenntnissen notwendigen Elemente umfasst, die regelmäßig vom Diskurs gebildet werden. Mit „Wissen" ist also die Menge der Existenzbedingungen wahrheitsfähiger Erkenntnissen gemeint (AW, S. 259).

In seinen archäologischen Schriften leitet Foucault die historisch sich verändernden Existenzbedingungen wahrheitsfähiger Erkenntnisse aus den Regelmäßigkeiten ab, gemäß denen diese Erkenntnisse in Praktiken gebildet werden. Ohne auf Einzelheiten dieses kontroversen Vorhabens eingehen zu können,[6] möchte ich zweierlei betonen: Erstens bezeichnet das Wissen keine transzendentalen Bedingungen der Möglichkeit wahrheitsfähiger Erkenntnisse, sondern deren historischen Existenzbedingungen, die in den zu untersuchenden Praktiken hergestellt werden. Ändern sich diese, ändern sich auch die Existenzbedingungen wahrheitsfähiger Erkenntnisse und damit das, „wovon man in einer diskursiven Praxis sprechen kann" (AW, S. 259). Zweitens wird damit Wahrheit historisiert, weil eine Erkenntnis nicht mehr zu jeder Zeit unter die Differenz von wahr oder falsch subsumierbar ist. Foucaults historischen Rekonstruktionen widmen sich genau der so aufgeworfenen Frage: Welche Praktiken müssen welche Existenzbedingungen schaffen, damit diese oder jene Aussage überhaupt wahrheitsfähig ist, d.h. überhaupt einen Wahrheitswert haben kann? Seine Analyse von „Veridiktionspraktiken" zielt also auf die Bedingungen, die einer Erkenntnis gestatten, „im Wahren" (ODis, S. 24) zu sein, anstatt die diese Prozeduren schon voraussetzende Frage zu stellen, ob die Erkenntnis wahr oder falsch ist.

Diese Verschiebung von einer Untersuchung der Erkenntnisse und ihrer Wahrheitswerte zu einer Analyse des Wissens und damit der Existenzbedingungen wahrheitsfähiger Erkenntnisse verleiht Foucault zufolge seinen Analysen ihren kritischen Biss: „Es ist nicht die Geschichte des Wahren und nicht die Geschichte des Falschen, sondern die Geschichte der Veridiktion, die politische Bedeutung hat." (GBP, S. 62) Denn die Geschichte der Veridiktion – der Praktiken, die die

---

[6] Hilfreich für eine genauere Darstellung der Archäologie sind Gutting (1989), Kusch (1991), Hacking (2002 [1979]). Scharfe Kritik findet sich bei Dreyfus und Rabinow (1987 [1983]) und Han (2002 [1998]).

Existenzbedingungen für wahrheitsfähige Erkenntnisse schaffen – zeigt, welche Kämpfe geführt, welche Subjekte geformt und welches Wissen unterdrückt bzw. erzeugt werden musste, um die Bedingungen zu schaffen, unter denen die uns heute vertrauten Wahrheiten erscheinen konnten. Erst auf der Ebene des Wissens wird uns „das System des Wahren und des Falschen [...] dann wieder [sein] Gesicht zeigen, das es so lange von uns abgewendet hatte und das nichts anderes ist als das der Gewalt" (ÜWW, S. 19).

Wir können nun sehen, wie die drei negativen methodologischen Imperative des Nihilismus, des Nominalismus und des Historizismus die Analyse auf der Achse des Wissens anleiten: Der Wertentzug, der die Frage nach der Wahrheit von Erkenntnissen trifft, um stattdessen die Existenzbedingungen ihrer Wahrheitsfähigkeit zu untersuchen, verhindert zugleich, „Rationalität" oder „Wahrheit" als universelle Begriffe zu nutzen. Vielmehr pluralisiert und historisiert Foucault diese vermeintlichen Universalien, indem er zeigt, welche Veridiktionspraktiken für verschiedene „Rationalitäten" und „Wahrheitsregime" existieren mussten und müssen. Damit betont meine Interpretation die archäologische Dimension des Wissens als die Ebene, auf der die Existenzbedingungen wahrheitsfähiger Erkenntnisse in Kämpfen hergestellt werden. Dort muss die Verbindung von Macht und Wissen, der Foucault zwischenzeitlich einen eigenen Begriff – „Macht/Wissen [*pouvoir-savoir*]" (ÜS, S. 39, frz. 32) – gibt, untersucht werden, will man nicht riskieren, die Verknüpfung von Macht und Wissen zu der Plattitüde herabzustufen, dass jede Erkenntnisproduktion soziale Bedingungen hat.

2.2   Macht

Foucaults gut untersuchter Machtbegriff[7] liefert auf der Achse der Macht die begrifflichen Hilfsmittel, um die angesprochenen Kämpfe aus derselben methodologischen Perspektive wie das Wissen zu untersuchen. Dazu setzt er zunächst die Differenz von legitimer und illegitimer Macht außer Kraft, um das *Wie* der Machtausübung in den Blick zu nehmen. Foucault hat seinen Machtbegriff mehrfach weiterentwickelt und in seiner Vorlesung *In Verteidigung der Gesellschaft* (VG) sowie den beiden folgenden Vorlesungen zur „Geschichte der Gouvernementalität" (STB, GBP) die zunächst verwendeten Kriegsmetaphern zugunsten eines Vokabulars rund um den Begriff des „Regierens" aufgegeben (Lemke 1997,

---

[7] Wichtige Deutungen kommen von Lemke (1997, S. 89–109, 126–150 und 302–316), Detel (1998, S. 19–63), Saar (2007, S. 204–233), Nealon (2008, S. 24–48).

S. 126–150). Dieser voll entwickelte Machtbegriff lässt sich knapp als *relational, produktiv* und *strategisch* bestimmen.

Erstens wird Macht rein *relational* als Machtbeziehungen gefasst, die nur in ihrem Vollzug existieren. Daher sind Machtbeziehungen fragil, weil sie einmal etabliert nicht von alleine bestehen bleiben. Aufgelöst in Machtbeziehungen ist Macht nichts, das man besitzen könnte oder das an einen zentralen Ort (z. B. im Staat) residiert. Macht bezeichnet als „Name, den man einer komplexen strategischen Situation in einer Gesellschaft gibt" (SW1, S. 94), vielmehr sowohl eine Struktur als auch ein dynamisches Geschehen. Wichtig ist, dass Machtbeziehungen nicht zusätzlich zu anderen Beziehungstypen existieren, die sie überformen und verzerren; sie „verhalten sich zu anderen Typen von Verhältnissen (ökonomischen Prozessen, Erkenntnisrelationen, sexuellen Beziehungen) nicht als etwas Äußeres, sondern sind ihnen immanent" (SW1, S. 94).

Zweitens sind Machbeziehungen nicht nur negativ operierende Relationen, die beschränken oder unterdrücken. Machtbeziehungen müssen stattdessen auch als *produktiv* verstanden werden: Sie ermöglichen, reizen, stiften an etc. So will Foucault einerseits explizit vermeiden, eine psychoanalytische Erklärung liefern zu müssen, warum Unterwerfen – wenn Macht über einen selbst ausgeübt wird – lustvoll sein kann.[8] Andererseits führt die Annahme der Produktivität von Macht zu einer von Foucaults kontroversesten Behauptungen: „Das Individuum ist also nicht das Gegenüber der Macht; es ist eine ihrer ersten Wirkungen" (VG, S. 45). Denn wenn Machtbeziehungen Individuen bzw. Subjekte produzieren, ist die Macht auch dort zu finden, wo wir uns „authentisch" und „ganz bei uns selbst" fühlen. Diese theoretisch wie politisch folgenreichen These sollte aber nicht darüber hinwegtäuschen, dass Foucaults Annahme einer Produktivität der Macht vor allem verhindern soll, konkrete Machtbeziehungen von vornherein als negative Phänomene aufzufassen; ob und wie Machtausübung im Einzelfall produktiv ist, muss jeweils neu untersucht werden, und erst in diesen Analysen zeigen sich die unterschiedlichen Typen von juridischen, disziplinären oder regulierenden Machtbeziehungen.

---

[8] „Wenn wir […] davon ausgehen, dass Macht nicht in erster Linie die Funktion hat zu verbieten, sondern zu produzieren, Lust zu schaffen, können wir verstehen, warum wir der Macht gehorchen und uns zugleich daran erfreuen können, was nicht unbedingt als masochistisch einzustufen wäre" (DE IV/297, S. 243).

Drei Typen von Machtbeziehungen

Foucault hat eine ganze Reihe von Machtbeziehungen anhand ihrer Funktionsweisen zu unterscheiden versucht, insbesondere juridische, disziplinäre und regulierend Machtbeziehungen (vgl. STB, S. 73–77 und 88–90):

Juridische Machtbeziehungen legen fest, was verboten ist, und arbeiten insofern im Imaginären, da das Recht „sich all die Dinge vorstellt, die getan werden können und nicht getan werden dürfen" (STB, S. 76). Aufgrund ihrer Form als Gesetze verweisen juridische Machtbeziehungen stets auf den Souverän, der sie erlässt und dem man gehorchen soll (VG, S. 58 f.), und obgleich sie auf Dauer zielen – die Rechtssubjekte sollen sich zu jedem Zeitpunkt an die Gesetze halten –, erfolgt ihre Durchsetzung punktuell.

Disziplinäre Machtbeziehungen arbeiten dagegen „komplementär zur Realität" (STB, S. 76): Sie setzen der Wirklichkeit ein künstlich errichtetes optimales Modell als Norm entgegen und klassifizieren Verhalten entsprechend als normal bzw. anormal – sie normieren (STB, S. 90). Im Gegensatz zum Gesetz müssen disziplinäre Machtbeziehungen fortwährend sagen, was zu tun bzw. zu unterlassen sei. Sie richten sich auf jedes Individuum einzeln mit dem Ziel, es zugleich produktiver und gehorsamer zu machen.[9]

Regulierende Machtbeziehungen zeichnen sich dadurch aus, dass sie gewähren lassen; sie etablieren Regelkreise, innerhalb derer nur in Ausnahmesituationen („Krisen") eingegriffen werden muss. Deshalb versucht dieser Machttyp, „in der Realität zu arbeiten, indem [er] durch und über eine Serie von Analysen und spezifischen Dispositionen die Elemente der Realität wechselseitig in Gang bringt" (STB, S. 76). Aus der Wirklichkeit wird abgeleitet, was als normal anzusehen und als Normalität zu sichern ist – regulierende Machtbeziehungen *normalisieren* (STB, S. 90). Deshalb zielen sie auf den Einzelnen nur noch als Element der Bevölkerung, denn was als normal von der Wirklichkeit abgeleitet werde, beziehe sich auf statistische Erkenntnisse über Mengen von Individuen, d. h. der Bevölkerung.

Diese in Tabelle 2.1 zusammengefasste Übersicht soll lediglich einen Einstieg in die Diskussionen um die einzelnen Machttypen und -strategien ermöglichen, die Foucault analysiert. Denn sowohl die genaue Bestimmung dieser und weiterer Machtformen als auch seiner historischen Diagnosen, wann welche Machtform entstand bzw. dominant wurde, sind äußerst umstritten.[10]

---

[9] Die Techniken der Disziplin schildert Foucault eindrucksvoll in *Überwachen und Strafen* (vor allem Teil III).

[10] Zum Einstieg in diese Diskussion seien hier Lemke (1997), Saar (2007, S. 224–233), Nealon (2008) empfohlen. Eine provokante Deutung, die Foucaults Machttheorie mit seinem politischen Engagement verknüpft, liefert Hoffman (2013).

Tabelle 2.1 Machtstrategien

	Recht	Disziplin	Sicherheit
Machtbeziehungen	juridisch	disziplinär	regulierend
primäres Ziel	Untertan	Individuen	Bevölkerung
Ausübung	diskontinuierlich	kontinuierlich	kontinuierlich
Normbezug	kodifiziert	normiert	normalisiert
Realitätsbezug	imaginär	komplementär	immanent

Drittens konzipiert Foucaults Machtbegriff die Machtbeziehungen *strategisch,* d. h. sie wählen gemäß einer bestimmten – in der Analyse zu bestimmenden! – Rationalität ein „gewinnendes" Vorgehen in einer von Auseinandersetzungen geprägten Situation (DE IV/306, S. 291 f.). Machtstrategien – miteinander verknüpfte Machtbeziehungen, die derselben Strategie folgen – sind „subjektlos", insofern sie als auf ein Problem antwortend verstanden werden können, ohne dass den beteiligten Akteuren diese Absicht zugeschrieben werden muss. Zwar werden einzelne, lokale Machtbeziehungen intentional von den Subjekten etabliert, doch sie verketten sich zu Machtstrategien, die von niemandem „entworfen" oder „erschaffen" worden sind (SW1, S. 95).

Mit diesen drei begrifflichen Weichenstellungen wird die Analyse von Machtbeziehungen auf den konkreten Vollzug der Machtausübung gelenkt und damit die Fokussierung auf ihre Legitimität unterbunden. So gelingt Foucault der angesprochene Wertentzug, den sein Machtbegriffs vornehmen soll. Seine historischen Rekonstruktionen verschiedener Machtstrategien anhand der von ihnen eingesetzten und koordinierten Praktiken der Machtausübungen – sei es in *Überwachen und Strafen,* wo Foucault die Herausbildung der Machtstrategie namens „Disziplin" anhand der in den Gefängnissen etablierten Machtbeziehungen analysiert, oder in den Vorlesungen zur „Geschichte der Gouvernementalität", in der er diese Analyse fortsetzt und die Entstehung der Biopolitik in den Praktiken der Sicherheitsdispositive herausarbeitet – bricht dabei mit der Vorstellung einer linearen Geschichte der Macht, die zumeist als Geschichte einer Befreiung erzählt wird (oder, seltener, als Geschichte zunehmender Versklavung). So behandelt Foucault den Begriff der Freiheit nicht als universellen Begriff, um daran die Machtstrategien zu messen, sondern als eine historische Größe, die jeweils den Machtbeziehungen spezifisch ist, in denen sie entsteht (GBP, S. 94–97). Weil die Freiheit des Liberalismus, die von den Sicherheitsdispositiven unablässig produziert wird, eine so ganz andere Freiheit ist als jene vom königlichen Gesetz im Frankreich des 17./18. Jahrhunderts erzeugte, weil beide eben nicht nur ein Mehr oder Weniger derselben Freiheit sind, kommt Foucault zu dem Schluss, es habe schlicht „nicht viel Sinn" (GBP, S. 96), solche Vergleiche anzustellen.

So gelesen, hat Foucaults Machtbegriff die diagnostische Funktion, Analysen konkreter Machtbeziehungen in Praktiken gemäß der drei methodologischen Imperative des Nihilismus, des Nominalismus und des Historizismus anzuleiten (WK, S. 32 f.). Damit setzt sich meine Interpretation einerseits scharf von einer handlungstheoretischen Rezeption ab, die sich vor allem auf den aus englischen und französischen Versatzstücken zusammengestoppelten Aufsatz „Subjekt und Macht" (DE IV/306) stützt. Denn wenn Macht der dort vorgefundenen Formulierung gemäß allein als „handelnde Einwirkung auf Handeln, auf mögliches oder tatsächliches, zukünftiges oder gegenwärtiges Handeln" (DE IV/306, S. 285) verstanden wird, ist die Gefahr groß, zu vergessen, dass die handelnden Subjekte selbst durch Machtbeziehungen konstituiert sind und daher nicht zum Ausgangspunkt der Erläuterung taugen. So verwandelt man Foucaults methodologischen Machtbegriff, der kritischen Analysen anleiten soll, in einen handlungstheoretisch entschärften Machtbegriff für akteurszentrierte Untersuchungen.

Andererseits verwahrt sich meine Deutung auch gegen den Versuch, aus einigen Interviewäußerungen Foucaults (DE IV/356, S. 878, 890 f.) nachträglich wieder eine Differenz zwischen Machtbeziehungen und Herrschaftszuständen einzuziehen (Lemke 1997, S. 307–310), da das vorgeschlagene Unterscheidungskriterium der Umkehrbarkeit der Machtbeziehungen dürftig ist und Foucault diese Zurückweisung des eigenen methodologischen Nihilismus in keiner Untersuchung wirksam werden lässt.

2.3   Selbstverhältnisse

Die dritte Achse, auf der die Selbstverhältnisse, d. h. die praktische Reflexivität der von den Machtbeziehungen konstituierten Individuen im Zentrum steht, setzt sich vor allem von einem Subjektbegriff ab, der das Subjekt als ein fundierendes, autonomes und mit einem „wahren Selbst" ausgestattetes begreift. Foucaults Begriffsraster soll dagegen nicht mehr als eine Hilfestellung zur Untersuchung der Praktiken darstellen, in denen die Individuen an sich selbst arbeiten, also ihre Beziehung zu sich selbst und damit ihre praktische Reflexivität gestalten.

Schematisch lässt sich dieser „Subjektivierungsprozess" – die Konstitution des Subjekts als Subjekt – als Zusammenspiel von den das Subjekt produzierenden Machtbeziehungen und der Ausbildung eigener Machtbeziehungen durch das so entstandene Subjekt begreifen. Das gewissermaßen „von Außen" geschaffene Subjekt wendet – innerhalb seiner Möglichkeiten – die ihm aus dieser Konstituierung erwachsende Handlungsmacht auf sich selbst an, um seine eigene

Unterworfenheit mitzugestalten. Dabei ist die vom Subjekt ausgeübte Macht nie strikt identisch mit den Machtbeziehungen, die das Subjekt produzieren – denn „[w]o die Bedingungen des Handelns vollständig determiniert sind, kann es keine Machtbeziehungen geben" (DE IV/306, S. 287).

Das Subjekt so als Mitspieler bei seiner eigenen Unterwerfung zu konzipieren, entzieht dem Begriff jede „Ursprünglichkeit" oder „Authentizität"; die ganze Blickrichtung, die dieses Begriffsraster verkörpert, ist darauf angelegt, die Selbstpraktiken der Subjekte gerade nicht hinsichtlich der Frage zu beurteilen, wie „authentisch" das Subjekt in ihnen ist/wird oder wie viel Eigenes es einzubringen vermag. Wiederum richtet sich Foucaults Interesse stattdessen auf die historischen Transformationen der „Subjektivierungsweisen", d. h. der historischen Möglichkeiten der Subjekte, ihre Selbstverhältnisse auszubilden, die selbstverständlich nicht unabhängig von den zugehörigen Machtbeziehungen und Wissensformationen zu analysieren sind. Die in den jeweiligen Selbstverständnissen produzierte Universalie heißt „Autonomie" bzw. „Selbstbestimmung" – und sie erweist sich als jeweils andere, je nachdem, ob sie in den Selbstpraktiken der freien römischen Männer (SW3) oder in den modernen Selbstpraktiken des verantwortungsvollen Konsums hergestellt wird.

Auch diese Interpretation von Foucaults Analyse der Subjektivierungsprozesse akzentuiert die drei methodologischen Imperative des Nihilismus, des Nominalismus und des Historizismus; auch sie versteht Begriffe wie „Subjektivierung" oder „Selbstverhältnisse" als diagnostische Begriffe. Einerseits stellt sie sich damit gegen Deutungen, die in der „Ästhetik der Existenz" eine von Foucault propagierte Ethik oder in der „Sorge um sich" einen von ihm vertretenem Imperativ erkennen wollen (z. B. Paras 2006). In beiden Fällen handelt es sich lediglich um von Foucault analysierte Formen, die die Gestaltung der praktischen Reflexivität in den Selbstpraktiken annehmen kann.[11] Foucaults „Selbst" ist kein substanzielles Modell von Subjektivität, sondern macht die praktische Reflexivität und ihre Arbeit an sich selbst beschreibbar.

Andererseits bedarf Foucaults Subjektivierungsbegriff, so verstanden, auch keiner psychologischen oder psychoanalytischen Grundlegung (so Butler 2001 [1997]). Wenn die mit der dritten Achse verknüpften Begriffe als diagnostische zu begreifen sind, die historische Analysen ermöglichen sollen, ist das mit einem „Innenleben" ausgestattete Subjekt als psychische Entität selbst eine Macht-, Wissens- und Subjektivierungsformation, die es zu untersuchen gilt und die nicht

---

[11] „Ich sage *nicht*, dass die Ethik in der Sorge um sich besteht, sondern dass sich *in der Antike* die Ethik als reflektierte Praxis der Freiheit ganz um diesen fundamentalen Imperativ drehte: ,Sorge dich um dich selbst'" (DE IV/356, S. 880, Hervorhebung F. V.).

schon auf der Ebene der Begriffsbildung vorausgesetzt werden darf (vgl. dazu Rose 1996a, S. 10). Foucault spart demnach die Psyche des Subjekts aus, weil diese Psyche ein Effekt des gegenwärtigen Subjektivierungsregimes ist, den es anhand des vorgestellten Begriffsrasters zu analysieren gilt.

2.4   Praktiken und ihre Wirklichkeiten

Foucaults methodologische Perspektive wird, so habe ich behauptet, von den drei methodologischen Imperativen des Nihilismus, des Nominalismus und des Historizismus bestimmt. Der Durchgang durch die Achsen des Wissens, der Macht und der Selbstverhältnisse hat gezeigt, dass sich diese Perspektive in den Begriffsrastern niederschlägt, die seine Analysen anleiten. Aber: Analysen wovon?

„Praktiken und ihre Wirklichkeiten", so die formale Antwort, die bereits angeklungen ist. An dieser Stelle reicht ein intuitives Verständnis von Praktiken als Komplexe aus Aktivitätsmustern, jedenfalls solange klar ist, dass sowohl die darin verstrickten Subjekte, denen diese Aktivität als Handlungen zugerechnet wird, als auch die darin enthaltenen Objekte erst in diesen Praktiken sowie ihrem Zusammenspiel mit anderen Praktiken konstituiert werden.[12] Wichtiger ist es zu verstehen, was Foucault damit meint, dass diese Praktiken Wirklichkeiten erschaffen, die er exzentrisch auch „Erfahrungen" nennt (z. B. in SW2, S. 9–14).

Gehen wir von den Wirklichkeiten oder „Erfahrungen" aus, die Foucault selbst untersucht hat – darunter beispielsweise Wahnsinn, Kriminalität oder Sexualität – wird deutlich, dass es sich dabei um vermeintlich überzeitliche Phänomene handelt, die Foucault durch seine Untersuchungen als objektive, aber gleichwohl hergestellte Realitäten zeigen will. Praktiken konstituieren, so der entscheidende Punkt, erfahrbare und die Erfahrungen von Individuen prägende Wirklichkeiten. Dazu drei Anmerkungen: *Erstens* ist der gesamte begriffliche Apparat Foucaults dazu da, diese und weitere in bestimmten Praktiken produzierte Wirklichkeiten so zu untersuchen, dass sie ihre vermeintliche Universalität verlieren und als historisch spezifisch erschaffene Realitäten sichtbar werden, deren genaue Form sich dem kontingenten Ausgang jener Kämpfe verdankt, in deren Verlauf nach und nach bestimmte Wissensformationen, Machtverhältnisse und Subjektivierungsweisen entstanden.

---

[12] Das ist nötig, weil ansonsten die begrifflichen Bedingungen verletzt werden, welche die in den Begriffen des Wissens, der Macht und der Selbstverhältnisse eingelassene methodologische Perspektive an das Konzept der Praktiken stellt. Dies philosophisch befriedigend zu formulieren, erfordert allerdings einigen Aufwand: siehe Vogelmann (2012b, 2014a, Kap. 2.2).

Zweitens bekommen Wirklichkeiten wie Wahnsinn, Kriminalität oder Sexualität damit einen besonderen ontologischen Status verliehen: Sie sind weder ahistorische, jenseits der sich wandelnden Praktiken fixierbare Entitäten noch sind sie deshalb unwirklich oder unwahr, wie Foucault am Beispiel der „bürgerlichen Gesellschaft" erläutert:

> Ich glaube, daß man sehr vorsichtig sein muß, was den Grad an Wirklichkeit angeht, den man dieser bürgerlichen Gesellschaft zugesteht. [...] Die bürgerliche Gesellschaft ist keine ursprüngliche und unmittelbare Wirklichkeit. Die bürgerliche Gesellschaft ist etwas, das zur modernen Regierungstechnik gehört. Wenn man sagt, daß sie zu dieser Technik gehört, dann bedeutet das nicht, daß sie einfach und allein deren Produkt ist. Es bedeutet auch nicht, daß sie keine Realität hat. Die bürgerliche Gesellschaft ist wie der Wahnsinn, wie die Sexualität etwas, das ich Transaktionsrealitäten nenne [...]. Diese Gestalten sind, obwohl sie nicht schon immer existiert haben, nicht weniger wirklich, und man kann sie die bürgerliche Gesellschaft oder den Wahnsinn usw. nennen (GBP, S. 405 f.).[13]

Dass Foucault Phänomene wie die bürgerliche Gesellschaft oder den Wahnsinn als von bestimmten Praktiken produzierte Wirklichkeiten auffasst, ist eine Konsequenz der von ihm gewählten methodologischen Perspektive, deren Nihilismus, Nominalismus und Historizismus verlangt, die Untersuchungsgegenstände nicht als ahistorische, auf ihre Wahrheit, Legitimität oder Authentizität zu befragende universelle Phänomene vorauszusetzen. Die vorgestellten Begriffsraster auf den drei Achsen operationalisieren gewissermaßen diese Perspektive.

Drittens sind es diese Wirklichkeiten, anhand derer Foucault die zu analysierenden Praktiken auswählt. So verfolgt Foucault in *Überwachen und Strafen* (um nur eines der Beispiele aufzugreifen) die Veränderungen in den Strafpraktiken, um zu demonstrieren, wie der Übergang von der Marter zum Gefängnis und damit von der Souveränitätsmacht zur Disziplin die gesamte Wirklichkeit der Kriminalität verändert: Das juridische Wissen richtet sich nicht länger primär auf die Tat, sondern auf die Verbrecher_innen, und die disziplinären Bestrafungspraktiken benötigen und produzieren immer genauere Kenntnisse des zu bessernden Individuums. So schafft das Gefängnis die Subjektivität des „Delinquenten". Mit anderen Worten: Die Geburt der Disziplin führt zu einem vollständigen Wandel der Wirklichkeit Kriminalität, sowohl auf der Achse des Wissens wie auch der Macht und der Selbstverhältnisse.[14]

---

[13] Was Foucault hier noch probehalber „Transaktionsrealitäten" nennt, bezeichnet er in den folgenden Jahren durch den Begriff der „Erfahrungen", den ich wegen seiner irrführenden Konnotationen allerdings nicht weiter verwende. Foucaults umfangreichste Erläuterung dazu findet sich in DE IV/340.

[14] In Kurzform findet sich diese Argumentation schon in der Einleitung von *Überwachen und Strafen* (S. 25–33).

Ich werde diese Deutung von Foucaults Buch in Abschnitt 3.2 wieder auf-
greifen, um eine der Konsequenzen der vorgestellten Interpretation Foucaults
gemäß seiner methodologischen Perspektive darzustellen. Zunächst jedoch lässt
sich dieses Kapitel als Lektürevorschlag resümieren, dem zufolge Foucault Analysen von historisch in bestimmten Praktiken geschaffenen Wirklichkeiten wie
dem Wahnsinn, der Kriminalität oder der Sexualität vorlegt. Um den Prozess zu
verstehen, in denen diese Wirklichkeiten erzeugt werden, untersucht Foucault die
entsprechenden Praktiken entlang der drei Achsen des Wissens, der Macht und
der Selbstverhältnisse. Auf ihnen kommen jeweils speziell konzipierte Begriffsraster zum Einsatz, die jene drei negativen methodologischen Imperative operationalisieren, die Foucault als Nihilismus, Nominalismus und Historizismus
bezeichnet.

Drei Konsequenzen der Lektüre

3

Meinem *systematischen* Vorschlag zufolge besitzt Foucault eine einheitliche, negativistische, methodologische Perspektive, die von den drei Imperativen des Nihilismus, des Nominalismus und des Historizismus bestimmt ist und die sich in seinen die Analyse anleitenden Grundbegriffe des Wissens, der Macht und der Selbstverhältnisse niederschlägt. Diese Interpretation soll in erster Linie die methodologische Perspektive für eigene Arbeiten nutzbar zu machen.[1] Aber sie muss auch in die Diskussion um Foucaults inhaltliche Thesen eingreifen und bestehen können, will sie sich als angemessene Interpretation von Foucaults Schriften und nicht bloß als aus diesen inspirierte Vorgehensweise verstehen. Das prüfe ich, indem ich an drei inhaltlichen Aspekten aus Foucaults Schriften die Positionen umreiße, die sich aus meinem Lektürevorschlag ergeben: Erstens führt er in der Debatte um Foucaults Kritikbegriff dazu, Foucaults Diagnosen der Gegenwart als Praxis einer präfigurativen Emanzipation zu verstehen. Zweitens wende ich mich gegen eine (besonders in der deutsch- und englischsprachigen Foucault-Rezeption verbreitete) sozialwissenschaftliche Lesart Foucaults, indem ich am Beispiel von *Überwachen und Strafen* zeige, was dabei verloren geht – sowohl philosophisch als auch politisch. Drittens verdeutliche ich diese politische Signifikanz meines Vorschlags an den Kontroversen um seine Diagnose des Neoliberalismus.

---

[1] In meinem Fall für die Analyse von „Verantwortung": siehe Vogelmann (2014a).

© Springer Fachmedien Wiesbaden 2017
F. Vogelmann, *Foucault lesen,* essentials,
DOI 10.1007/978-3-658-15474-5_3

3.1   Kritik als Praxis präfigurativer Emanzipation

Nachdem ich Foucaults Begriffe des Wissens, der Macht und der Selbstverhältnisse
von der methodologischen Perspektive her erläutert habe, zu deren Operationalisie-
rung sie dienen, ist es kaum überraschend, Foucaults Kritik als diagnostische Praxis
zu bestimmen. Drei Zuspitzungen schärfen diese Ausgangsbestimmung zu einem
eigenständigen Kritikbegriff: Foucaults Diagnose der Gegenwart gilt den in unseren heutigen Praktiken produzierten Grenzen (1), erzeugt ein besonderes, nämlich
„sperriges" Wissen (2) und zielt darüber auf Entunterwerfung und Entsubjektivierung ihrer Adressat_innen (3). Damit ist Foucaults kritische Diagnose der Gegenwart entgegen anderen Deutungen eine Praxis präfigurativer Emanzipation (4).

1. *Grenzen.* Foucault hat seine Tätigkeit wiederholt als Diagnose der Gegenwart bestimmt, die speziell an den Grenzen interessiert ist, die sich heute als
„universell, notwendig und verpflichtend" (DE IV/339, S. 702) geben und unser
Denken, Handeln und Sein beschränken. Diese von den Wissensformationen,
den Machtverhältnissen und den Subjektivierungsweisen abgesteckte „Ontologie
unserer selbst", die zugleich eine „Ontologie der Gegenwart" (RSA, S. 39 f.) ist,
soll jedoch nicht bloß abgebildet, sondern als in unseren Praktiken produzierte
und damit prinzipiell veränderbare sichtbar gemacht werden. Die kritische Diagnose der Gegenwart soll

> nicht einfach nur [...] charakterisieren, was wir sind, sondern, indem man den
> Bruchlinien von heute folgt, dahin [...] gelangen, dass man erfasst, worin das, was
> ist, und wie das, was ist, nicht mehr das sein könnte, was ist. Und in diesem Sinne
> muss die Beschreibung stets gemäß dieser Art virtuellem Bruch geleistet werden,
> der einen Freiheitsraum eröffnet, verstanden als Raum einer konkreten Freiheit, das
> heißt einer möglichen Umgestaltung (DE IV/330, S. 544).

Das bedingt ein spezielles Verhältnis zur Wahrheit: Foucaults Kritik liefert als
Diagnose der Gegenwart kein schlichtes Abbild der Wirklichkeit, sie bemüht sich
um eine *effektive* Wahrheit der Diagnose *in* der Wirklichkeit. Diese soll Auswirkungen auf ihre Leser_innen haben (DE IV/281, S. 55–59, DE IV/291, S. 188–
193), indem sie „sperriges" Wissens produziert und dadurch ihre Leser_innen
„entsubjektiviert" und „entunterwirft" – zwei Ziele, die der Kritik als „Kunst der

freiwilligen Unknechtschaft, der reflektierten Unfügsamkeit" mit der Funktion der „désassujettissement" (WK, S. 15, frz. 39) inhärent sind.[2]

2. *„Sperriges" Wissen.* Als Diagnose der Gegenwart ist die Praxis der Kritik eine Erkenntnisse produzierende Aktivität mit großen Erwartungen an diese. Doch welche Erkenntnisse haben eine derartige Wirksamkeit? Offensichtlich können sie nicht einfach wiederholen, was allgemein als wahr gilt. Aber auch die bloße Falsifizierung wäre nicht ausreichend – denn beides fände im Rahmen der vom heutigen Wissen gesetzten Grenzen statt, gehorchte also (gemäß der erläuterten Differenz von Wissen und Erkenntnissen) den gegenwärtigen Existenzbedingungen für wahrheitsfähige Erkenntnisse. Die Kritik muss daher Erkenntnisse produzieren, die sich gegen diese Bedingungen „sperren", indem sie zwar mit den Existenzbedingungen für wahrheitsfähige Erkenntnisse *mitspielen,* aber so, dass sie diese Bedingungen verändern.[3] Es müssen Gegen-Wahrheiten sein, die nicht die Wahrheit der kritisierten Erkenntnisse bezweifeln, sondern die Existenzbedingungen ihrer Wahrheitsfähigkeit bekämpfen. So stehen sie auf den Grenzen des Wissens im beständigen Versuch, sie zu überschreiten. Das ist möglich, weil die Existenzbedingungen wahrheitsfähiger Erkenntnisse nichts anderes als die verdichteten historischen Regelmäßigkeiten der Erkenntnisse produzierenden Praktiken sind.[4]

3. *Désassujettissement.* Nun können die beiden Ziele der Entunterwerfung und der Entsubjektivierung keine direkte Folge einer kritischen Diagnose der Gegenwart sein, selbst wenn es ihr gelingt, derart „sperriges" Wissen zu erzeugen. Das hieße, die Wirksamkeit des Wissens hemmungslos zu überschätzen und die Rolle der Kritik zu verkennen: denn diese ist zwar ein „Instrument für diejenigen, die kämpfen, Widerstand leisten und das, was ist, nicht mehr wollen" (DE IV/278, S. 41), aber sie kann und will diese Kämpfe nicht ersetzen.

---

[2] „Désassujettissement" wird als „Entunterwerfung" übersetzt, doch ist damit nur die eine Hälfte der Funktion getroffen, die daneben auch das Ziel beinhaltet, nicht zum Subjekt gemacht zu werden.

[3] „Der Herrschaft der Wahrheit entkommt man [...] nicht, indem man ein Spiel spielt, das dem Spiel der Wahrheit völlig fremd ist, sondern indem man das Wahrheitsspiel anders spielt [...]" (DE IV/356, S. 895).

[4] Etwas präziser und technischer ausgedrückt, ist es die in Abschnitt 2.1 beschriebene Immanenz des Wissens, die die Möglichkeit sperrigen Wissens ermöglicht. Ein Beispiel einer solchen Erkenntnis ist laut Foucault der Arbeitsbegriff von Adam Smith: Er wird zwar noch innerhalb der klassischen *episteme* formuliert, weist jedoch darüber hinaus und sprengt sie, sobald seine Konsequenzen von David Ricardo entfaltet werden (vgl. OD, S. 277, 307–322).

Doch sollte man die Wirksamkeit des sperrigen Wissens auch nicht unterschätzen, das beide Ziele zumindest dadurch ermöglicht, dass es taktische Hinweise gibt (STB, S. 16): Die beschriebene Praxis der Kritik ermöglicht die *Entsubjektivierung* ihrer Adressat_innen, indem sie ihnen ihre Selbstverhältnisse und deren Produktion in unseren Praktiken derart widerspiegelt, dass sie nicht länger diese Art von Arbeit am Selbst leisten möchten und merken, dass diese keine universelle Notwendigkeit darstellt. Diese Adressierung der Subjekte durch die Kritik hat Martin Saar treffend so formuliert:

> Mache Dir diese mögliche Wahrheit über Dich, dass Du nur auf der Grundlage der aufgewiesenen Machtwirkungen [und Wissensformationen; F. V.] bist, was Du bist, zu eigen und frage Dich, ob Du das erträgst oder ein anderer (oder eine andere) werden musst (Saar 2007, S. 128).

Die kritische Diagnose der Gegenwart zielt mit ihrem sperrigen Wissen also derart auf die Selbstbeziehungen ihrer Adressaten, dass diesen keine andere Subjektivierungsweise angeboten wird, sondern sie entsubjektiviert werden, um zumindest für einen flüchtigen Moment nicht mehr sie selbst sein zu wollen und zugleich (noch) kein_e andere_r sein zu müssen.

Analog schreibt die kritische Diagnose der Gegenwart ihren Adressat_innen nicht vor, was zu tun ist. Das Ziel der *Entunterwerfung* ermöglicht sie, indem sie Praktiken ausfindig macht, an denen lokale Kämpfe Aussicht auf übergreifende Wirkungen haben, weil in diesen Praktiken die Grenzen der Wissensformationen, der Machtverhältnisse und der Subjektivierungsweisen hergestellt werden. Wenn Foucault also jene Praktiken analysiert, die Wirklichkeiten wie Wahnsinn, Kriminalität oder Sexualität erzeugen, dann weil Kämpfe um oder gegen diese Praktiken weitreichende Auswirkungen auf diese Wirklichkeiten haben können.

4. *Präfigurative Emanzipation.* Als Produktion sperrigen Wissens in Form einer Diagnose der Gegenwart zieht Foucaults Kritik die Konsequenz aus Immanuel Kants Warnung davor, „Satzung und Formeln" bereitzustellen, die unversehens zu den „Fußschellen einer immerwährenden Unmündigkeit" (Kant 2006 [1784], S. 54) werden. Statt Anweisungen zu geben, formuliert Kritik Probleme, um „sie wirken zu lassen, sie in einer Komplexität darzustellen, welche die Propheten und die Gesetzgeber zum Schweigen bringt, all jene, die für die anderen und vor den anderen sprechen" (DE IV/281, S. 108). So zielt Foucaults Kritik auf eine Emanzipation von heutigen Wissensformationen und den damit verbundenen Machtverhältnissen und Subjektivierungsweisen. Diese Emanzipation – wortwörtlich als Freilassen verstanden – durch die Kritik kann aus zwei Gründen „präfigurativ" genannt werden: erstens, weil sie durch ihr sperriges Wissen und

die damit verbundene Entsubjektivierung und Entobjektivierung ihren Adressat_innen einen Ausblick, einen kurzen Moment der Vorahnung davon erlaubt, was ein emanzipiertes Leben sein könnte. Zweitens, weil die von ihr gebrauchten Begriffe bereits selbst emanzipativ wirken, insofern sie uns auf der Ebene der theoretischen Aktivität, eine entsprechende Diagnose zu erstellen, durch die in ihnen wirksamen drei methodologischen Imperative des Nihilismus, des Nominalismus und des Historizismus bereits von den Erkenntnissen befreien, die wir immer schon über unsere Praktiken haben.

Diese Interpretation von Foucaults Kritik grenzt sich von anderen Deutungen ab, indem sie Kritik ausdrücklich als „historisch-philosophische Praktik" (WK, S. 26) versteht, die sperriges Wissen für eine präfigurative Emanzipation produziert und nicht vorgeben kann, was die von der Kritik Emanzipierten zu wissen, zu tun oder zu sein haben. Kritik ist dieser Auffassung zufolge weder in erster Linie eine ethische Praktik, um an den eigenen Selbstverhältnissen zu arbeiten (so einflussreich Butler 2002), noch ist Kritik allein das Sichtbarmachen von Machtbeziehungen und ihrer Kontingenz – besonders dann nicht, wenn diese auch noch von „Herrschaft" unterschieden werden sollen, um am Ende doch noch die vertrauten Unterscheidungen einzuziehen und Foucaults methodologischen Nihilismus aufzugeben.

Dass dieser Deutung von Foucaults Kritik ein auto-destruktiver Moment innewohnt, weil die kritische negativistische Perspektive immer wieder auf die eigene „historisch-philosophische Praktik" angewandt werden muss, halte ich aus zwei Gründen für begrüßenswert: Erstens trägt dieses auto-destruktive Moment Foucaults Selbstbeschreibung Rechnung, Kritik sei eine „Ausgrabungsarbeit unter unseren eigenen Füßen" (DE I/50, S. 776) und die Veränderungen in seinen Schriften eine Konsequenz dieser Grabungen. Das auto-destruktive Moment hervorzuheben weist zudem zweitens darauf hin, dass dieses Bild mehr meint als eine permanente Kritik, nämlich eine immer wieder gegen sich selbst gerichtete Kritik, die so sicherzustellen versucht, dass sie nicht zur bloßen Wiederholung und damit zum Dogma wird.

3.2 Gegen die „Gesellschaft" und ihre Wissenschaften

Eine zweite Konsequenz der methodologischen Lektüre Foucaults ist es, seine Wissenschaftskritik (z. B. VG, S. 13–23) ernster zu nehmen, als dies häufig geschieht. Foucault ist zwar (vor allem in der deutsch- und englischsprachigen

Debatte) erfolgreich zum sozialwissenschaftlichen Klassiker gemacht worden, doch musste dafür ein Teil seiner kritischen Perspektive geopfert werden. Das zeigt sich einerseits an Foucaults scharfer Attacke gegen die Sozialwissenschaften als aus den disziplinären Machtbeziehungen heraus geboren und für diese arbeitend sowie andererseits an seiner These, „die Gesellschaft" oder „das Soziale" sei lediglich ein Korrelat liberaler Regierungstechniken.

In *Überwachen und Strafen* verfolgt Foucault die Entstehung disziplinärer Machtbeziehungen anhand ihrer Funktionsweisen, ihrer Verfahren, kurz: des *Wie* ihrer Ausübung. Dabei ist die Prüfung die paradigmatische Disziplinartechnik, denn sie macht das Individuum sichtbar, bekannt, individuell einschätzbar und daher auch sanktionierbar (ÜS, S. 238–250). Jede Prüfung unterwirft das geprüfte Individuum den Prüfer_innen, bestimmt seinen Platz im Vergleich mit der Norm (sehr gut bis mangelhaft, in der Sprache der Schulnoten), weist ihm damit das richtige Maß an Strafe oder Lob zu und gewinnt ein bisschen mehr an Erkenntnissen über dieses Individuum: Hat es Prüfungsangst? Ist es aufsässig? Welche Fertigkeiten hat es bereits und welche fehlen ihm noch, um produktiv zu werden? Foucault hebt vor allem drei Aspekte hervor: Die Prüfung macht die Unterworfenen sichtbar und nicht länger die Herrschenden, wie die alten juridischen Machtbeziehungen, sie dokumentiert die Individualität der Unterworfenen und sie verwandelt sie in „Fälle". Das Individuum wird mit der Unterwerfung durch die Prüfung beschreibbar, seine Entwicklung in ihren kleinsten Regungen verfolgbar und zugleich vergleichbar mit der aller anderen. Diese disziplinäre Technik der Prüfung mache so die sogenannten „Humanwissenschaften"[5] möglich: „Die Geburt der Wissenschaften vom Menschen hat sich wohl in jenen ruhmlosen Archiven zugetragen, in denen das moderne System der Zwänge gegen die Körper, die Gesten, die Verhaltensweisen erarbeitet worden ist" (ÜS, S. 246).

An dieser Stelle sehen wir, was die zuvor nur methodologisch bestimmte Verbindung von Wissen und Macht bedeutet: nicht nur andere, zuvor für falsch gehaltene Erkenntnisse werden plötzlich für wahr angesehen, sondern die Bedingungen für wahrheitsfähige Erkenntnisse selbst verändern sich. Und Foucaults mit beißender Ironie gewürzte These ist, dass erst die im Gefängnis geborenen Machtbeziehungen der Disziplin jene Existenzbedingungen schufen, die für die

---

[5] Der auf Deutsch ungebräuchliche Begriff der „Humanwissenschaften [*sciences humaine*]" umfasst alle Wissenschaften, die als Erkenntnisobjekt „den Menschen" haben; neben den Sozialwissenschaften gehört dazu auch die (Human-)Biologie oder die Psychologie. Vgl. dazu und zu Foucaults Kritik an ihnen Gehring (2004, S. 66–70 und S. 74, Fn. 2).

Wissenschaften vom Menschen – und als Teil davon: für die Sozialwissenschaften – notwendig waren:

> Was […] die politisch-juristische Untersuchung, die Verwaltungs- und Kriminalerhebung, die religiöse und die weltliche Ermittlung für die Wissenschaften von der Natur bedeuteten, das bedeutete die Disziplinaranalyse für die Wissenschaften vom Menschen. Diese Wissenschaften, an denen sich unsere „Menschlichkeit" seit über einem Jahrhundert begeistert, haben ihren Mutterboden und ihr Muster in der kleinlichen und boshaften Gründlichkeit der Disziplinen und ihrer Nachforschungen. Diese spielen vielleicht für die Psychologie, die Psychiatrie, die Pädagogik, die Kriminologie und so viele andere seltsame Kenntnisse eben die Rolle, die einst die schreckliche Macht der Inquisition für das ruhige Wissen von den Tieren, den Pflanzen, der Erde gespielt hat (ÜS, S. 290).

Doch nicht nur das Individuum oder der Mensch wird als Objekt eines möglichen Wissens erst von den disziplinären Machtbeziehungen geschaffen, auch die „Gesellschaft", in der es lebt, müssen wir Foucault zufolge als Produkt von Macht begreifen – in diesem Fall allerdings eher der regulierenden Machtbeziehungen des Liberalismus. Um diese kritische Diagnose nachzuvollziehen, skizziere ich zunächst den Rahmen von Foucaults Vorlesung *Die Geburt der Biopolitik,* in der Foucault die These verfolgt, „die Gesellschaft" oder „das Soziale" sei wie „der Wahnsinn" als in Praktiken hergestellte Wirklichkeit zu verstehen (GBP, S. 14–16). Ganz gemäß seinen drei methodischen Imperativen will Foucault die Praktiken des Regierens untersuchen, ohne Begriffe wie „Staat", „Untertan", „Gesellschaft" etc. als universell verfügbar zu unterstellen und für die Analyse zu gebrauchen. Stattdessen sollen die Praktiken des Regierens auf ihre Rationalität hin analysiert werden: Auf Grundlage welcher Existenzbedingungen wahrheitsfähiger Erkenntnisse konnten welche Programme artikuliert werden, um zu bestimmen, wie zu regieren ist? Foucault stellt dies ganz ausdrücklich in eine Reihe mit seinen anderen Analysen:

> Worum es bei allen diesen Unternehmungen im Hinblick auf den Wahnsinn, die Krankheit, die Delinquenz, die Sexualität bei dem geht, worüber ich jetzt zu Ihnen spreche, ist der Nachweis, wie die Koppelung einer Reihe von Praktiken mit Herrschaft der Wahrheit ein Dispositiv des Wissens und der Macht bildet, das das Nichtexistierende in der Wirklichkeit tatsächlich in Erscheinung treten läßt und es auf legitime Weise der Unterscheidung zwischen dem Wahren und dem Falschen unterwirft (GBP, S. 39).

Der Liberalismus, den er in den folgenden Vorlesungen in seinen verschiedenen Ausprägungen (mehr dazu in Abschnitt 3.3) untersucht, ist eine solche

Regierungsrationalität. Sie knüpft die Grenzen des Regierens an die vermeintliche Natürlichkeit der Gesellschaft und ihrer spontanen Beziehungen. Dazu gebraucht sie die politische Ökonomie, die zur intellektuellen Technologie avanciert, um nützliches von unnützem Regierungshandeln zu unterscheiden. So kommt der Markt zu einer neuen Bedeutung: Er ist nicht länger der Ort der Rechtsprechung, an dem der Souverän aktiv Ungerechtigkeiten verhindern muss (wie noch im Mittelalter), sondern wird zum Ort der Wahrheit, der anzeigt, ob die Regierungspraktiken die spontane, natürliche Ordnung des Marktes – ablesbar an der Preisbildung – stören (dann sind sie unnütz) oder nicht. Eine gute Regierungsweise gemäß des Liberalismus kann nur diejenige sein, die den Marktmechanismus respektiert und ungestört arbeiten lässt (GBP, S. 49–76).

Der Begriff der „bürgerlichen Gesellschaft" – die „man übrigens in der Folge sehr bald die Gesellschaft überhaupt nennen wird" (GBP, S. 405) – ist nun für Foucault eine in den liberalen Regierungspraktiken erschaffene Wirklichkeit, die auf ein Problem des Liberalismus antwortet: Ist eine wirklich liberale Regierung, die sich soweit selbst begrenzt, dass die natürliche Ordnung des Marktes tatsächlich zum Vorschein kommen kann, nicht zu Passivität verdammt? Wie kann man Rechtssubjekte regieren, wenn diese immer auch Wirtschaftssubjekte und als solche nicht anzutasten sind?

> Die bürgerliche Gesellschaft ist, glaube ich, ein Begriff der Regierungstechnik oder vielmehr das Korrelat einer Regierungstechnik, deren rationales Maß sich juristisch an einer Wirtschaft ausrichten soll, die als Produktions- und Tauschprozeß aufgefaßt wird. Die juristische Ökonomie einer Gouvernementalität, die sich an der ökonomischen Ökonomie ausrichtet: Das ist das Problem der bürgerlichen Gesellschaft [...] (GBP, S. 405).

Wir hatten bereits in Abschnitt 2.4 gesehen, dass Foucault deshalb die „Gesellschaft" als eine jener Wirklichkeiten begreift, die er mit seinen Analysen entobjektiviert, um ihre Konstitution in den historischen Kämpfen entlang der drei Achsen des Wissens, der Macht und der Selbstverhältnisse zu untersuchen. Doch an dieser Stelle kommt es mir auf zwei politisch-philosophische Folgen dieser kritischen Diagnose an: Erstens wird damit die „Gesellschaft" als Fundament für Widerstand gegen den liberalen Staat oder den Liberalismus überhaupt zurückgewiesen, denn sich auf die „Gesellschaft", etwa in Form der viel beschworenen „Zivilgesellschaft", zu stützen muss genau jene Wirklichkeit affirmieren, die der zu bekämpfende Liberalismus ermöglicht. Hier wäre ein konkreter taktischer Hinweis, der Foucaults kritischer Diagnose des Liberalismus entspringt: Baut, wenn ihr denn dagegen kämpfen wollt, derart – nämlich liberal – regiert zu werden, eure Kämpfe nicht auf der vermeintlich dem Liberalismus vorgängigen Gesellschaft auf (etwa um ihn sozialdemokratisch einzuhegen), denn damit stärkt ihr, was ihr zu bekämpfen glaubt!

Die zweite Konsequenz betrifft die Wissenschaften von dieser „Gesellschaft": Wie der „Mensch" ihnen als Objekt möglicher Erkenntnisse erst durch die Disziplin gegeben wird, deren Machtbeziehungen sie mit ihrer Erkenntnisproduktion wiederum stärken, so wird die „Gesellschaft" als Gegenstand möglicher Erkenntnisse vom Liberalismus produziert. Abermals finden sich damit die Sozialwissenschaften einer scharfen Kritik Foucaults ausgesetzt, weil ihre Forschung zur Konsolidierung jener Wirklichkeit beiträgt, die zugleich Produkt und Garant der liberalen Regierungsrationalität ist.

Man muss dieser kritischen Diagnose Foucaults nicht zustimmen und man muss auch nicht glauben, seine oft eher skizzenhafte Argumentation für sie sei an allen Stellen hinreichend, um zu behaupten, dass es eine ungebrochen sozialwissenschaftliche Lesart Foucaults nur um den Preis eines beträchtlichen Teils seiner kritischen Kraft geben kann – oder um den Preis einer stark veränderten sozialwissenschaftlichen Praxis.

3.3 Kritik, Analyse oder Affirmation des Neoliberalismus?

Wenn Foucault die „Gesellschaft" als eine in Praktiken liberalen Regierens hervorgebrachte Wirklichkeit beschreibt, die keinen Anhaltspunkt für Kämpfe gegen den Liberalismus abgibt, gehört er damit nicht zu jenen, die mit Margareth Thatcher den neoliberalen Chorus „There is no such thing as society" anstimmen? Ist Foucaults vermeintliche Kritik des Neoliberalismus also nicht entweder auf denselben Fundamenten wie dieser errichtet oder läuft sogar auf seine „Apologie" (so François Ewald in Becker, Ewald und Harcourt 2012, S. 4) hinaus?

Um diese Frage, die in der Foucault-Rezeption immer wieder diskutiert wurde und wird,[6] von der hier vorgeschlagenen methodologischen Interpretation her zu beantworten, müssen wir zunächst Foucaults Diagnose des Neoliberalismus

---

[6] Eine erste Runde in der deutschsprachigen Diskussion lieferten Sarasin (2007) sowie Seebach und Feustel (2008). Zuletzt erhielt der Sammelband von Zamora und Behrent (2016 [2014]) viel Aufmerksamkeit; vgl. etwa die Reaktionen u.a. von Johanna Oksala, Verena Erlenbusch oder Gordon Hull auf dem Blog „An und für sich": ‹https://itself.wordpress.com/category/foucault/foucault-and-neoliberalism-event/› (zuletzt abgerufen am 28. Februar 2016).

verstehen.[7] Die im letzten Abschnitt bereits begonnene Deutung der Gouvernementalitätsvorlesungen gemäß der methodologischen Foucault-Interpretation hatte den Liberalismus als Regierungsrationalität bestimmt, als eine spezifische Weise des Regierens, die eine eigene Wissensformation, eigene Machtverhältnisse und eigene Subjektivierungsweisen beinhaltet. Konstitutiv für alle Ausprägungen des Liberalismus ist die Begrenzung der Regierungspraktiken durch die als extern konzipierte Wirklichkeit der „Gesellschaft" mit ihrer spontanen Ordnung, von der sich am Markt zeigt, ob die Regierungspraktiken unzulässig in sie eingreifen oder nicht. Dagegen trug die dem Liberalismus vorhergehende Regierungsrationalität der Staatsräson die sie begrenzende Wahrheit in sich: der Staat war die einzige Referenz der Regierungspraktiken der *raison d'État,* die allein dessen Wohlergehen als Kriterium anerkannte (STB, Vorlesung 9–13). Der Liberalismus ersetzt diese interne Begrenzung durch die externe der „Gesellschaft" und ihrer nach eigenen Gesetzen ablaufenden inneren Dynamik, die er als „natürlich" gegebene Wirklichkeit erschafft. Auf ihrer Basis errichtet er die Bedingungen des Regierens von Freien, die ausdrücklich als freie Individuen adressiert und „in Ruhe gelassen" werden müssen, deren Freiheit aber zugleich hergestellt, gesichert und geformt werden muss.[8]

Wir hatten bereits gesehen, dass die Erschaffung der Realität „Gesellschaft" die Frage beantwortet, wie man freie Individuen so regiert, dass man ihre Interessen achtet: nämlich indem man Machtbeziehungen auf der Ebene der Gesellschaft einrichtet, also nicht (so sehr) die Individuen diszipliniert, sondern die Bevölkerung reguliert. Die „Erfindung des Sozialen" (so der Titel von Donzelot 1984) legt ein nahezu unbegrenztes Feld an, auf dem regiert werden kann: Armut, öffentliche Gesundheit und Hygiene, Bildung – all diese Probleme lassen sich als Regierungsprogramme auf der Ebene der Gesellschaft ausarbeiten, ohne direkt gegen die Interessen freier Individuen handeln zu müssen. Entgegen dem ersten Anschein und entgegen seiner Selbstbeschreibung als „frugale Regierung" (GBP, S. 435–441) regiert der Liberalismus also nicht einfach weniger, sondern er schafft sich ein ganz neues Interventionsfeld.

---

[7] Einen Überblick über die Diskussion rund um den Neoliberalismus nicht nur aus Foucaults Perspektive gibt Biebricher (2012). Zu Foucaults Gouvernementalitätsvorlesungen und den darauf aufbauenden *governmentality studies* gaben Burchell, Gordon und Miller (1991) den Startschuss; zum aktuellen Stand siehe Bröckling, Krasmann und Lemke (2010). Meine Skizze beruht auf Vogelmann (2012a).

[8] Vgl. dazu vor allem die ersten drei Vorlesungen in *Die Geburt der Biopolitik* sowie Foucaults Diskussion, warum der Liberalismus trotz seines „Naturalismus" diesen Namen trägt (GBP, S. 94–107).

Die verschiedenen Ausprägungen des Liberalismus – Foucault untersucht den klassischen Liberalismus des 18./19. Jahrhunderts, den deutschen Ordoliberalismus und den amerikanischen Neoliberalismus – experimentieren mit verschieden Regierungsweisen für freie Individuen. Dabei ist es der Neoliberalismus, der sich wegen seiner strategischen Feindschaft gegen jede Form des „Kollektivismus" am weitesten von der Vorstellung eines Regierens über die Gesellschaft verabschiedet, indem er den Interessen eine neue Bedeutung verleiht: Vom klassischen Liberalismus als Ausgangspunkt einer Analyse genutzt, um das Interessensubjekt als unantastbar darzustellen, weshalb das Regieren über die Wirklichkeit „Gesellschaft" notwendig wurde, deutet der Neoliberalismus individuelle Präferenzen als manipulierbare Anreize, auf deren Veränderung sich die Regierungsinterventionen zu beschränken haben, um so die Wahlmöglichkeit offen zu lassen: Kann man die Anreizstruktur einer Situation so verändern, dass die Individuen „von selbst" die gewünschten Interessen ausbilden und nach ihnen handeln, kann man die Individuen regieren, ohne ihre individuelle Freiheit – interpretiert als uneingeschränkte Wahlfreiheit – anzutasten.[9]

Flankiert wird diese neoliberale Machtausübung durch die entsprechende Subjektivierungsweise, die Individuen zur fortwährenden Arbeit an ihrer Autonomie anhält, damit sie nicht auf die Solidarität einer Gesellschaft angewiesen sind, die der Neoliberalismus abschaffen will. Ihre klassische Form ist der „Unternehmer seiner selbst" (einschlägig analysiert von Bröckling 2007), eine neue Variante des *homo oeconomicus,* der sein eigenes Verhalten gemäß der Marktlogik so strukturiert, dass er sein „Humankapital" vergrößert. Auf der Ebene des Wissens wird die Ökonomie damit zur Verhaltenswissenschaft, deren „Elementarteilchen" Entscheidungen und nicht länger Tausch- oder Produktionsprozesse bzw. -verhältnisse sind; die dominanten Machtbeziehungen regulieren die Anreizstrukturen, um die Individuen mit den „richtigen" Interessen zu versorgen; und die Subjektivierungsweisen konzentrieren sich auf die Verinnerlichung des Unternehmertums.

Foucaults Analyse des Neoliberalismus als Regierungsweise reiht sich so verstanden in seine kritischen Diagnosen ein, deren Ziel es ist, die Praktiken freizulegen, die jene Wirklichkeiten produzieren, auf deren Basis sich diese Vorstellung des Regierens erst bilden kann. Meine methodologische Interpretation führt also dazu, seine Analysen des Neoliberalismus ebenso als Kritik zu deuten wie seine Analysen des Gefängnisses oder der Sexualität.

---

[9] Der sogenannte „libertarian paternalism", etwa von Thaler und Sunstein (2009, S. 5), ist die logische Weiterführung dieser Überlegungen.

Jenseits hermeneutischer Diskussionen, ob Foucaults Vorlesungen die neoliberalen Überlegungen zu affirmativ wiedergeben oder nicht, bleibt die Frage zu beantworten, ob die Analyse der „Gesellschaft" als Korrelat liberaler Regierungsrationalitäten nicht die gesellschaftsfeindliche Position des Neoliberalismus mitträgt. Mir scheint diese Kritik einer verkürzten Deutung geschuldet, die nicht zwischen der Analyse des prekären ontologischen Status' der „Gesellschaft" sowie der sie produzierenden Regierungsrationalität und der Affirmation ihrer Abschaffung unterscheidet. Übertragen auf andere Diagnosen, würde Foucault gemäß der Logik einer solchen Deutung in *Überwachen und Strafen* die Abschaffung des Gefängnisses zugunsten der Wiedereinführung der Marter fordern. Doch weil diese exegetisch-politische Diskussion mehr Platz verlangte als hier zu Verfügung steht, werde ich mit einer Gegenfrage schließen: Welche Regierungsrationalität wird eigentlich von einer „Verteidigung der Gesellschaft" gestützt?

Eine nüchterne Bestandsaufnahme der in der Bundesrepublik Deutschland diskursiv dominanten Regierungsrationalität käme nämlich zu dem Schluss, dass wir es derzeit (!) keineswegs mit im Foucaultschen Sinne *neoliberalen* Wissensformationen, Machtverhältnissen und Subjektivierungsweisen zu tun haben, die auf dem Axiom unbeschränkter individueller Freiheit ohne Gesellschaft zu regieren bemüht sind. Eine solche Diagnose verdeckt nur, was heute vor sich geht: die „Neuerfindung des Sozialen" (Lessenich 2008). Die gegenwärtige Regierungsrationalität ist nicht bemüht, die Gesellschaft abzuschaffen, sondern sie in neuer Form zu erschaffen, um in ihrem Namen zu regieren. Wie Stephan Lessenich, der ihr deswegen den Namen „neosozial" verleiht (Lessenich 2008, S. 14), am Beispiel des Sozialstaates zeigt, wird diese neue Gesellschaft als Instanz geschaffen, der die Individuen ebenso „verantwortlich" sind wie sich selbst gegenüber. Die Subjektivierung des heutigen Liberalismus zielt damit nicht einfach auf neoliberal eigenverantwortliche Unternehmer_innen; vielmehr gilt:

> Tätige Selbsthilfe, private Vorsorge, eigeninitiative Prävention – sämtliche Varianten der Aktivierung von Eigenverantwortung sind im Rahmen dieser Programmatik zugleich Zeichen persönlicher Autonomie *und* Ausweis sozialer Verantwortlichkeit, gehorchen gleichermaßen einer individuellen *und* einer gesellschaftlichen Logik, einer subjektiven *und* sozialen Realität (Lessenich 2008, S. 83).

Umgekehrt ist jede Unterlassung, jedes passive Abwarten und jedes Verfehlen von Verantwortung nicht nur individuell irrational oder unökonomisch, sondern asozial. Mangelhafte Arbeit am autonomen Selbst wird daher als Beweis für den Bedarf strengeren Durchgreifens gewertet, während erfolgreiche Arbeit am Selbst als Argument für den Abbau gesellschaftlicher Absicherungssysteme genutzt werden kann. Die neu erfundene Gesellschaft oder das „Neosoziale" wird so auf neue Weise zum Regieren genutzt, wenngleich nicht mehr in Gestalt jener „bürgerlichen Gesellschaft" des klassischen Liberalismus, sondern als Flickenteppich verschiedenster „Communities" (Rose 1996b), deren „moralische Stimme" (Etzioni 1993, S. 31) dem ungebremsten Individualismus ihrer Mitglieder Einhalt gebieten.

Die Kritik an neoliberalen Exzessen von individueller Freiheit stellt eine der wichtigsten Strategien dieser gegenwärtigen Regierungsrationalität dar. So richtig also die Frage ist, inwiefern die ungebremste Kritik an der Gesellschaft zur Komplizin neoliberalen Politiken werden kann, so drängend ist die Gegenfrage, inwiefern die unhinterfragte Verteidigung der Gesellschaft nicht Komplizin der gegenwärtigen neosozialen Regierungsrationalität wird, deren nationalistischer Paternalismus derzeit eindrucksvoll zu beobachten ist (vgl. dazu Vogelmann 2012a). Angesichts dessen scheint mir eine Diagnose dringend geboten, die die Konstruktion der Gesellschaft in den Regierungspraktiken detailliert nachzeichnet, um jene „Bruchlinien" zu finden, an denen Kämpfe gegen die neoliberal verherrlichte Prekarisierung *und* gegen den neosozial verbrämten Paternalismus wirksam sind. An dieser Stelle demonstriert Foucaults Perspektive ihren kritischen Biss – jedenfalls wenn wir, anstatt bloß Foucaults Analysen *seiner* Gegenwart fortzuschreiben, den methodologischen Imperativen des Nihilismus, Nominalismus und Historizismus folgend, *unsere* Gegenwart analysieren.

Foucault weiterlesen 4

Mein Vorschlag, Foucault von seinen drei methodologischen Imperativen des Nihilismus, des Nominalismus und des Historizismus her zu lesen, habe ich im zweiten Kapitel zunächst im Hinblick auf seine Grundbegriffe und Vorgehensweise vorgestellt: Demnach lassen sich seine Arbeiten als Analysen jener Praktiken lesen, in denen spezifische Wirklichkeiten wie Wahnsinn, Kriminalität oder Sexualität hervorgebracht werden, die unser Denken, Handeln und Sein bestimmen. Diese Untersuchungen erfolgen entlang der drei Achsen des Wissens, der Macht und der Selbstverhältnisse, wobei die jeweils in Anschlag gebrachten Begriffsraster die drei methodologischen Imperative operationalisieren.

Während dieser erste Schritt die Behauptung einlösen sollte, Foucault ließe sich *systematisch* anhand seiner methodologischen Perspektive lesen, blieb es dem dritten Kapitel überlassen, diese Lektüre inhaltlich zu erproben. Dazu habe ich an drei Debatten innerhalb der Foucault-Rezeption den eigenständigen Beitrag skizziert, der aus meinem Interpretationsvorschlag folgt: Erstens hat sich in der Diskussion um Foucaults Kritikbegriff die methodologische Perspektive selbst als das zentrale Element erwiesen, das den damit angefertigten Diagnosen ihre kritische Kraft verleiht. Foucaults Kritik muss meinem Vorschlag zufolge als Erkenntnisse produzierende Praxis verstanden werden, deren „sperriges" Wissen eine präfigurative Emanzipation befeuert. Zweitens führte die methodologische Interpretation zu einer gewissen Skepsis gegenüber rein sozialwissenschaftlichen Deutungen Foucaults, weil diese seine Kritik an den Human- und damit auch an den Sozialwissenschaften vernachlässigen müssen, die jedoch zentral für die kritische Stoßrichtung seiner Diagnosen ist, wie ich am Beispiel von *Überwachen und Strafen* verdeutlicht habe. Drittens beantwortet mein Deutungsvorschlag die Frage, ob Foucault durch seine Diagnose der „Gesellschaft" als Korrelat liberaler Regierungspraktiken unversehens die anti-soziale Stoßrichtung neoliberaler

© Springer Fachmedien Wiesbaden 2017
F. Vogelmann, *Foucault lesen*, essentials,
DOI 10.1007/978-3-658-15474-5_4

Programme unterstützt, abschlägig. Denn dazu müsste einerseits die Trennung von Diagnose und Affirmation verleugnet werden; andererseits entpuppt sich die vermeintlich kritische Alternative einer Verteidigung der Gesellschaft als Komplizin der aktuellen Regierungsrationalität, die längst mit der paternalistischen Produktion einer neuen Gesellschaft beschäftigt ist.

Durchweg betont die in Umrissen sichtbar gewordene Lesart Foucaults die Bedeutung der Achse des Wissens und damit die Unterscheidung zwischen wahrheitsfähigen Erkenntnissen und dem Wissen als den Existenzbedingungen der Wahrheitsfähigkeit von Erkenntnissen. Weil Foucault diese Bedingungen nicht wiederum als epistemische, sondern als Machtbeziehungen auffasst, geht er (mit Nietzsche) davon aus, dass Wahrheit eine von Machtkämpfen geformte Geschichte hat: nicht, weil sich Wahrheit in Macht auflösen ließe, sondern weil die Existenzbedingungen von Wahrheiten in Kämpfen entstehen und vergehen. Foucaults „Geschichte der Wahrheit" – zu denen seine Analysen stets Bruchstücke beigetragen hätten (SW2, S. 19) – ist nach meinem Vorschlag ebenso wenig von seiner „Analytik der Macht" wie von seinen Untersuchungen der Subjektivierungsweisen abtrennbar, will man diese nicht ihrer vollen kritischen Kraft berauben.

Das Unternehmen, eine solche „Geschichte der Wahrheit" zu schreiben, wäre allerdings direkt zum Scheitern verurteilt, würde es der relativistischen Versuchung nachgeben, Wahrheiten in „Wahrheiten für…" aufzulösen. Denn damit würde Wahrheit *enthistorisiert* – Wahrheit würde demnach jederzeit als „Wahrheit für…" funktionieren – und *pazifiziert*, da solche Wahrheiten nicht länger miteinander in Konflikt liegen könnten. So jedoch könnte Foucault keineswegs hoffen, den Wahrheiten ihre politische Signifikanz wieder verleihen zu können (siehe oben, Abschnitt 2.1). Foucault muss sich daher dem Problem stellen, wie eine nicht-relativistische Geschichte der Wahrheit zu schreiben ist.[1]

Ein erster Grund, die vorgestellte Interpretation als philosophisch zu bezeichnen, besteht also darin, dass die drei methodologischen Imperative ernst zu nehmen impliziert, die Historisierung von Wahrheit als einen Kern von Foucaults Vorgehen zu identifizieren, der wohl mit Recht als ein (gewagtes) philosophisches Unterfangen gelten kann. Ein zweiter Grund ist, dass Foucault damit in der Philosophie eine eigenständige Position einnimmt, denn seine Geschichte der Wahrheit ist zwar ein philosophisches Vorhaben, das jedoch nicht im Medium der Philosophie durchgeführt wird. Vielmehr verfolgt sie die philosophische Geschichte der

---

[1] Dazu ausführlich Vogelmann (2014b).

Wahrheit in nicht-philosophischen Praktiken, die Wirklichkeiten wie Wahnsinn, Kriminalität oder Sexualität erschaffen. Philosophische Erkenntnisse müssen also in Auseinandersetzung mit dem Nicht-Philosophischen gewonnen werden: Einerseits dürfen diese nicht-philosophischen Wahrheiten daher nicht zu bloß empirischen Details herabgestuft werden, denen eine auf normativer, begrifflicher, ontologischer oder sonst wie abgesonderter Ebene angesiedelte Philosophie erst ihre eigentliche Bedeutung verleiht. Andererseits darf die Philosophie ihre Autonomie nicht preisgeben, etwa indem sie ihre Praxis diesen Wahrheiten schlicht unterwirft oder andere Wissenschaften imitiert.[2] Foucaults philosophische Praxis ist folglich eine prekäre, die ihre Eigenständigkeit stets aufs Neue gegenüber der Wirklichkeit erkämpfen muss, indem sie die uns bestimmenden Wirklichkeiten in den Praktiken, in denen sie verfertigt werden, aus einer nihilistischen, nominalistischen und historizistischen Perspektive analysiert und damit sich selbst wie den Adressat_ innen der entstehenden Diagnosen genug Distanz zu diesen Wirklichkeiten verschafft, um sich – und sei's für einen Moment – davon zu emanzipieren. Michel Foucaults gesamtes Werk schlägt damit vor, Philosophie als Kritik zu betreiben: als Praxis präfigurativer Emanzipation. So läuft mein systematischer Lektürevorschlag darauf hinaus, derart zu philosophieren.

---

[2] Dieses Verständnis der philosophischen Praxis hat Foucault vielleicht am deutlichsten in seinen letzten Vorlesungen (RSA, MW) zur antiken Praxis des „freimütigen" Sprechens, der *parrhesia,* zum Ausdruck gebracht: siehe dazu Vogelmann (2012c).

Was Sie aus diesem *essential* mitnehmen können

- Foucaults Vorgehensweise ist es, die in Praktiken erzeugten Wirklichkeiten (wie Wahnsinn, Kriminalität und Sexualität) entlang der drei Achsen des Wissens, der Macht und der Selbstverhältnisse zu analysieren.
- Die auf diesen Achsen genutzten Begriffe operationalisieren seine methodologischen Imperative und leiten die Diagnosen nihilistisch, nominalistisch und historizistisch an.
- Foucaults philosophische Praxis lässt sich damit als kritische Diagnose der Gegenwart begreifen, die uns von scheinbar notwendigen Wahrheiten, Machtbeziehungen und Selbstverständnissen emanzipiert.

© Springer Fachmedien Wiesbaden 2017
F. Vogelmann, *Foucault lesen,* essentials,
DOI 10.1007/978-3-658-15474-5

Literatur

Zitierte Schriften von Michel Foucault

AW *Archäologie des Wissens* (2003 [1969]). Übersetzt von Ulrich Köppen. Frankfurt a. M.: Suhrkamp.

DE *Schriften in vier Bänden. Dits et Ecrits*. Übersetzt von Michael Bischoff, Hans-Dieter Gondek, Hermann Kocyba und Jürgen Schröder. Hrsg. von Daniel Defert und François Ewald. Frankfurt a. M.: Suhrkamp, 2001–2005.

DE I/50 „Wer sind Sie, Professor Foucault?" (Nr. 50) [1967], in: *Dits et Écrits*. Band 1, 770–793.

DE IV/278 Diskussion vom 20. Mai 1978 (Nr. 278) [1980], in: *Dits et Écrits*. Band 4, 25–43.

DE IV/281 Gespräch mit Ducio Trombadori (Nr. 281) [1980], in: *Dits et Écrits*. Band 4, 51–119.

DE IV/291 „Omnes et singulatim": zu einer Kritik der politischen Vernunft (Nr. 291) [1981], in: *Dits et Écrits*. Band 4, 165–198.

DE IV/297 Die Maschen der Macht (Nr. 297) [1981], in: *Dits et Écrits*. Band 4, 224–244.

DE IV/306 Subjekt und Macht (Nr. 306) [1982], in: *Dits et Écrits*. Band 4, 269–294.

DE IV/326 Zur Genealogie der Ethik: Ein Überblick über die laufende Arbeit (Nr. 326) [1983], in: *Dits et Écrits*. Band 4, 461–498.

DE IV/330 Strukturalismus und Poststrukturalismus (Nr. 330) [1983], in: *Dits et Écrits*. Band 4, 521–555.

DE IV/339 Was ist Aufklärung? (Nr. 339) [1984], in: *Dits et Écrits*. Band 4, 687–707.

DE IV/340 Vorwort zu „Sexualität und Wahrheit" (Nr. 340) [1984], in: *Dits et Écrits*. Band 4, 707–715.

DE IV/356 Die Ethik der Sorge um sich als Praxis der Freiheit (Nr. 356) [1984], in: *Dits et Écrits*. Band 4, 875–902.

GBP *Geschichte der Gouvernementalität II: Die Geburt der Biopolitik. Vorlesung am Collège de France 1978/79* (2004). Übersetzt von Jürgen Schröder. Frankfurt a. M.: Suhrkamp.

OD *Die Ordnung der Dinge. Eine Archäologie der Humanwissenschaften* (2003 [1966]). Übersetzt von Ulrich Köppen. Frankfurt a. M.: Suhrkamp.

© Springer Fachmedien Wiesbaden 2017

F. Vogelmann, *Foucault lesen*, essentials,

DOI 10.1007/978-3-658-15474-5

ODis *Die Ordnung des Diskurses. Mit einem Essay von Ralf Konersmann* (2007 [1972]). Übersetzt von Walter Seitter. Frankfurt a. M.: S. Fischer.

MMP *Maladie mentale et personnalité* (1954). Paris: PUF.

MW *Der Mut zur Wahrheit. Die Regierung des Selbst und der anderen II. Vorlesung am Collège de France 1983/84* (2010 [2009]). Übersetzt von Jürgen Schröder. Berlin: Suhrkamp.

RL *Die Regierung der Lebenden. Vorlesung am Collège de France 1979/80* (2014 [2012]). Berlin: Suhrkamp.

RSA *Die Regierung des Selbst und der anderen. Vorlesung am Collège de France 1982/83* (2009 [2008]). Übersetzt von Jürgen Schröder. Frankfurt a. M.: Suhrkamp.

STB *Geschichte der Gouvernementalität I: Sicherheit, Territorium, Bevölkerung. Vorlesung am Collège de France 1977/78* (2004). Übersetzt von Claudia Brede-Konersmann und Jürgen Schröder. Frankfurt a. M.: Suhrkamp.

SW1 *Der Wille zum Wissen. Sexualität und Wahrheit 1* (2005 [1976]). Übersetzt von Ulrich Raulff und Walter Seitter. Frankfurt a. M.: Suhrkamp.

SW2 *Der Gebrauch der Lüste. Sexualität und Wahrheit 2* (2004 [1984]). Übersetzt von Ulrich Raulff und Walter Seitter. Frankfurt a. M.: Suhrkamp.

SW3 *Die Sorge um sich. Sexualität und Wahrheit 3* (2004 [1984]). Übersetzt von Ulrich Raulff und Walter Seitter. Frankfurt a. M.: Suhrkamp.

ÜS *Überwachen und Strafen. Die Geburt des Gefängnisses* (2004 [1975]). Übersetzt von Walter Seitter. Frankfurt a. M.: Suhrkamp.

ÜWW *Über den Willen zum Wissen. Vorlesung am Collège de France 1970/71 gefolgt von Das Wissen des Ödipus* (2012 [2011]). Übersetzt von Michael Bischoff. Berlin: Suhrkamp.

VG *In Verteidigung der Gesellschaft. Vorlesung am Collège de France 1975/76* (2004 [1996]). Übersetzt von Michaela Ott. Frankfurt a. M.: Suhrkamp.

WG *Wahnsinn und Gesellschaft. Eine Geschichte des Wahns im Zeitalter der Vernunft* (1989 [1961]). Übersetzt von Ulrich Köppen. Frankfurt a. M.: Suhrkamp.

WK *Was ist Kritik?* (1992 [1990]). Berlin: Merve.

Weitere zitierte Literatur

Becker, Gary S., François Ewald und Bernard E. Harcourt. 2012. Becker on Ewald on Foucault on Becker. American Neoliberalism and Michel Foucault's 1979 „Birth of Biopolitics" Lectures. *Coase-Sandor Institute for Law & Economics Working Paper No. 614*, ‹http://chicagounbound.uchicago.edu/cgi/viewcontent.cgi?article=1076&context=law_and_economics›.

Biebricher, Thomas. 2012. *Neoliberalismus zur Einführung*. Hamburg: Junius.

Bröckling, Ulrich. 2007. *Das unternehmerische Selbst. Soziologie einer Subjektivierungsform*. Frankfurt a. M.: Suhrkamp.

Bröckling, Ulrich, Susanne Krasmann und Thomas Lemke (Hrsg.). 2010. *Governmentality. Current Issues and Future Challenges*. New York: Routledge.

Burchell, Graham, Colin Gordon und Peter Miller (Hrsg.). 1991. *The Foucault Effect: Studies in Governmentality*. Chicago: University of Chicago Press.

Butler, Judith. 2001 [1997]. *Psyche der Macht. Das Subjekt der Unterwerfung*. Übersetzt von Reiner Ansén. Frankfurt a. M.: Suhrkamp.

Butler, Judith. 2002. Was ist Kritik? Ein Essay über Foucaults Tugend. *Deutsche Zeitschrift für Philosophie* 50 (2), 249–265.

Cho, Stephen Wagner. 1995. Before Nietzsche: Nihilism as a Critique of German Idealism. *Graduate Faculty Philosophy Journal* 18 (1), 205–232.

Detel, Wolfgang. 1998. *Macht, Moral, Wissen. Foucault und die klassische Antike*. Frankfurt a. M.: Suhrkamp.

Donzelot, Jacques. 1984. *L'invention du social. Essai sur le déclin des passions politiques*. Paris: Seuile.

Dreyfus, Hubert L. und Paul Rabinow. 1987 [1983]. *Michel Foucault. Jenseits von Strukturalismus und Hermeneutik. Mit einem Nachwort von und einem Interview mit Michel Foucault*. Übersetzt von Claus Rath und Ulrich Raulff. Frankfurt a. M.: Athenäum Verlag.

Etzioni, Amitai. 1993. *The Spirit of Community. Rights, Responsibilities, and the Communitarian Agenda*. New York: Crown Publishers.

Gehring, Petra. 2004. *Foucault – die Philosophie im Archiv*. Frankfurt a. M./New York: Campus.

Gutting, Garry. 2005. *Foucault. A Very Short Introduction*. Oxford: Oxford University Press.

Gutting, Gary. 1989. *Michel Foucault's Archaeology of Scientific Reason*. Cambridge: Cambridge University Press.

Hacking, Ian. 2002 [1979]. Michel Foucault's Immature Science. In *Historical Ontology*, 87–98. Cambridge, MA/London: Harvard University Press.

Han, Béatrice. 2002 [1998]. *Foucault's Critical Project. Between the Transcendental and the Historical*. Übersetzt von Edward Pile. Stanford: Stanford University Press.

Hoffman, Marcelo. 2013. *Foucault and power. The influence of political engagement on theories of power*. New York: Bloomsbury Academic.

Kant, Immanuel. 2006 [1784]. Beantwortung einer Frage: Was ist Aufklärung? In *Werkausgabe* Band IX, hrsg. Wilhelm Weischedel, 51–61. Frankfurt a. M.: Suhrkamp.

Kelly, Mark G. E. 2009. *The Political Philosophy of Michel Foucault*. New York/London: Routledge.

Kusch, Martin. 1991. *Foucault's Strata and Fields. An Investigation into Archaeological and Genealogical Science Studies*. Dordrecht/Boston/London: Kluwer Academic Publishers.

Lemke, Thomas. 1997. *Eine Kritik der politischen Vernunft. Foucaults Analyse der modernen Gouvernementalität*. Berlin: Argument Verlag.

Lessenich, Stephan. 2008. *Die Neuerfindung des Sozialen. Der Sozialstaat im flexiblen Kapitalismus*. Bielefeld: transcript.

Müller-Lauter, Wolfgang. 1984. Nihilismus I. In *Historisches Wörterbuch der Philosophie*, Bd. 6: Mo–O, hrsg. Joachim Ritter, Karlfried Günder und Gabriel Gottfried, 846–853. Darmstadt: Wissenschaftliche Buchgesellschaft.

Nealon, Jeffrey Thomas. 2008. *Foucault beyond Foucault. Power and its Intensifications since 1984*. Stanford: Stanford University Press.

Paras, Eric. 2006. *Foucault 2.0. Beyond Power and Knowledge*. New York: Other Press.

Riedel, Manfred. 1978. Nihilismus. In *Geschichtliche Grundbegriffe. Historisches Lexikon zur politisch-sozialen Sprache in Deutschland. Band 4: Mi-Pre*, hrsg. Otto Brunner, Werner Conze und Reinhart Koselleck, 371–411. Stuttgart: Klett.

Rose, Nikolas. 1996a. *Inventing Our Selves. Psychology, Power, and Personhood.* Cambridge: Cambridge University Press.

Rose, Nikolas. 1996b. The Death of the Social? Re-figuring the Territory of Government. *Economy and Society* 25 (3), 327–356.

Saar, Martin. 2007. *Genealogie als Kritik. Geschichte und Theorie des Subjekts nach Nietzsche und Foucault.* Frankfurt a. M./New York: Campus.

Sarasin, Philipp. 2007. Unternehmer seiner selbst. *Deutsche Zeitschrift für Philosophie* 55 (3), 473–493.

Sarasin, Philipp. 2008. *Michel Foucault zur Einführung.* Hamburg: Junius.

Schneider, Ulrich Johannes. 2004. *Michel Foucault.* Darmstadt: Wissenschaftliche Buchgesellschaft.

Seebach, Swen und Robert Feustel. 2008. Freiheit im Vollzug: Foucaults Vorlesungen von 1978/79. Eine Replik auf Philipp Sarasin. *Deutsche Zeitschrift für Philosophie* 56 (1), 152–154.

Thaler, Richard H. und Cass R. Sunstein. 2009. *Nudge. Improving Decisions About Health, Wealth and Happiness.* London: Penguin.

Vogelmann, Frieder. 2012a. Neosocial Market Economy. *Foucault Studies* 14, 115–137.

Vogelmann, Frieder. 2012b. Foucaults Praktiken. *Coincidentia. Zeitschrift für europäische Geistesgeschichte* 3 (2), 275–299.

Vogelmann, Frieder. 2012c. Foucaults *parrhesia* – Philosophie als Politik der Wahrheit. In *Parrhesia. Foucaults letzte Vorlesungen – philosophisch, philologisch, politisch,* hrsg. Petra Gehring und Andreas Gelhard, 203–229. Zürich/Berlin: Diaphanes.

Vogelmann, Frieder. 2014a. *Im Bann der Verantwortung.* Frankfurt a. M./New York: Campus.

Vogelmann, Frieder. 2014b. Kraft, Widerständigkeit, Historizität. Überlegungen zu einer Genealogie der Wahrheit. *Deutsche Zeitschrift für Philosophie* 62 (6), 1062–1086.

Zamora, Daniel und Michael C. Behrent (Hrsg.). 2016 [2014]. *Foucault and Neoliberalism.* Cambridge: Polity Press.